# Me gusta
## la
# granja

# Me gusta la granja

## Shelley Rotner

¡Me gusta leer!™

HOLIDAY HOUSE • NEW YORK

Los libros ¡Me gusta leer!™ han sido creados tanto por reconocidos ilustradores de libros para niños, como por nuevos talentos, con el propósito de infundir la confianza y el disfrute de la lectura en los pequeños lectores.

Queremos que cada nuevo lector diga: "¡Me gusta leer!"

Puede encontrar una lista de más libros de la colección ¡Me gusta leer!™ en nuestra página de internet: HolidayHouse.com/MeGustaLeer

Copyright © 2016 by Shelley Rotner
Spanish translation © 2021 by Holiday House Publishing, Inc.
Spanish translation by Eida del Risco
All Rights Reserved
HOLIDAY HOUSE is registered in the U.S. Patent and Trademark Office
Printed and bound in April 2021 at C&C Offset, Shenzhen, China.
www.holidayhouse.com
First Spanish Language Edition
Originally published in English as *I Like the Farm*, part of the I Like to Read® series.
I Like to Read® is a registered trademark of Holiday House Publishing, Inc.
1 3 5 7 9 10 8 6 4 2
Library of Congress Cataloging-in-Publication Data
Names: Rotner, Shelley, author, photographer. | Del Risco, Eida, translator.
Title: Me gusta la granja / Shelley Rotner ; Spanish translation by Eida del Risco.
Other titles: I like the farm. Spanish
Description: First Spanish language edition. | New York : Holiday House,
[2021] | Series: ¡Me gusta leer! | Originally published in English in
2017 under title: I like the farm. | Audience: Ages 4–8. | Audience:
Grades K-1. | Summary: "Children share their love for farm animals in a
nonfiction reader"— Provided by publisher.
Identifiers: LCCN 2020030806 | ISBN 9780823449606 (trade paperback)
Subjects: LCSH: Domestic animals—Juvenile literature.
Livestock—Juvenile literature.
Classification: LCC SF75.5 .R6818 2021 | DDC 636—dc23

ISBN: 978-0-8234-4960-6 (paperback)

*¡A mi pequeña Charlie!*

Me gusta la gata.

Me gusta el gatito.

Me gusta la vaca.

Me gusta el ternero.

Me gusta el perro.

Me gusta el perrito.

Me gusta el cerdo.

Me gusta el cerdito.

Me gusta la gallina.

Me gusta el pollito.

Me gusta la granja.